Stefan Jürgens | Willi Rolfes

Dem Leben Richtung geben

Zur Firmung

Butzon & Bercker

Ich bin gefirmt. Der Bischof hat mir die Hand aufgelegt und mich mit dem Chrisam gesalbt – Zeichen meiner Unverwechselbarkeit und Würde als Mensch, Zeichen meiner Erwählung und Sendung als Christ. Ich bin nicht nur wertvoll, weil ich etwas leiste; ich habe Würde, weil es mich gibt. Ich glaube an Gott, und Gott glaubt an mich. Er spricht mich an, ganz persönlich, auf Du und Du. Und er nimmt mich in Anspruch, hat mit mir etwas ganz Besonderes vor.

„Sei besiegelt durch die Gabe Gottes, den Heiligen Geist!" Ich trage Gottes Geist als Siegel auf meiner Seele. Gott schenkt mir Anteil an der Liebe Jesu, bestätigt und bestärkt mein Christ- und Kirchesein.

Ich habe Ja gesagt zu meiner Taufe, will mich aus dem Glauben und aus der Kirche nicht heraushalten. Durch Taufe, Kommunion und Firmung bin ich ein ganzer Christ. Der Anfang ist gemacht.

Auf den folgenden Seiten finde ich Anregungen, weiterzugehen im Glauben. In den Texten und Bildern geht es um Aspekte des Christseins – in Glauben und Handeln, Gemeinschaft und Kirche. Es geht um mein Leben, es geht um Gott. Was das konkret bedeuten kann, muss ich selbst herausfinden. Gottes Heiliger Geist wird mir helfen: Er lebt ja in mir, macht mich fest und firm.

Gefirmt – und dann?

Inhalt

Wenn ich die Geschichte des Weltalls mit dem Lauf eines Jahres vergleiche, komme ich mir ziemlich klein vor: Der „Urknall" wäre dann am 1. Januar gewesen. Erst im September nimmt die Erde Gestalt an, Anfang Oktober tauchen erste einzellige Lebewesen auf. Etwa am 20. November erscheinen komplexere Mehrzeller, am 19. Dezember die ersten Weichtiere, am 21. Fische, am 23. Amphibien, am 25. Reptilien und Insekten, am 26. Saurier, am 27. Säugetiere und am 28. Dezember Vögel. Erst am 30. Dezember wachsen Bäume, vorher gab es nur riesige Halme. Am 31. Dezember um 0.00 Uhr begegnet mir der Igel, gegen 19.00 Uhr gibt es höher entwickelte Affen.

Weltzeit

Etwa um 22.30 Uhr entdecke ich Vormenschen, um 23.30 Uhr beginnt die Geschichte des Menschen, der jetzt Feuer und Werkzeuge in der Hand hat. Um 23.59 Uhr ist der Menschentyp vorherrschend, der nicht sehr bescheiden „homo sapiens" genannt wird. Vor zehn Sekunden hat dieser Mensch den Ackerbau erfunden, vor fünf Sekunden die Schrift. In der Bibel lese ich:

> „Fürchte dich nicht, denn ich habe dich ausgelöst, ich habe dich beim Namen gerufen, du gehörst mir" (Jesaja 43,2).

Dass der ewige Gott mich kennt und liebt, mich ganz persönlich – das möchte ich glauben.

Der Mensch als Mittelpunkt der Welt? Das ist ein altes Weltbild. Heute weiß jeder: Die Erde ist ein kleiner Planet am Rande. Hätte sie die Größe eines Stecknadelkopfes, so wäre der Mond vier Zentimeter weit entfernt, die Sonne fünfzehn Meter. Bis zum Pluto wären es schon sechshundert Meter, bis zur nächsten Sonne viertausend Kilometer.

Man kann das Gedankenspiel weiter fortführen: Hätte unser Sonnensystem die Größe eines Stecknadelkopfes, dann wäre unsere Galaxie – die Milchstraße – eine riesige Linse mit einem Durchmesser von hundert und einer Höhe von sechzehn Kilometern. Und es gibt hundert Millionen ähnlicher Galaxien – kein Mensch weiß, was darüber hinaus ist. Schwindelerregende Ausblicke!

Weltraum

10 Ich

Und da ist der Mensch mit seinen Fragen und Sorgen, mit seinem Bewusstsein, seinen Fähigkeiten und Wünschen. Der Mensch – Mittelpunkt der Welt? In der Bibel lese ich:

„Seh ich den Himmel, das Werk deiner Finger, Mond und Sterne, die du befestigt:

Was ist der Mensch,

dass du an ihn denkst, des Menschen Kind, dass du dich seiner annimmst?

Du hast ihn nur wenig geringer gemacht als Gott, hast ihn mit

Herrlichkeit und Ehre gekrönt."

(Psalm 8,4-6)

Der Mensch hat nicht nur Wert, sondern Würde. Weil Gott ihn kennt.

Ich 11

Jeder Mensch hat zwei Eltern: Mutter und Vater. Und vier Großeltern: zwei Großmütter und zwei Großväter. Ich überlege einen Augenblick, wie sie heißen. Und wie viele Urgroßeltern? Genau acht: vier Urgroßmütter und vier Urgroßväter. Ich überlege wieder, wie sie heißen. Und meine Ururgroßeltern? Keine Chance! Vielleicht kenne ich einen oder zwei Namen. Aber alle sechzehn kriege ich nicht auf die Reihe. Wann sind meine Ururgroßeltern gestorben? Es muss vor etwa fünfzig Jahren gewesen sein.

Dieses kleine Experiment ist verblüffend – und macht doch auch ein bisschen traurig. Es zeigt: Etwa fünfzig Jahre nach meinem Tod werde ich völlig vergessen

Meine Geschichte

sein, wird mein Name ausgelöscht sein auf dieser Erde. Es sei denn, aus mir würde ein Mozart oder Goethe, aber das ist sehr unwahrscheinlich. Selbst wenn ich einmal Kinder habe, wird mein Name meinen Ururenkeln kaum noch etwas sagen. Als Christ weiß ich: Meine Daseinsberechtigung muss ich mir nicht verdienen. Ich muss nicht selbst dafür sorgen, dass ich wichtig bin, dass mein Name bekannt bleibt. Gott hat mich gewollt. Er kennt und liebt mich. Und durch Jesus weiß ich: Mein Leben hat Ewigkeitswert. Ich werde bleiben für immer. Mein Name, meine Geschichte – nichts wird verloren sein.

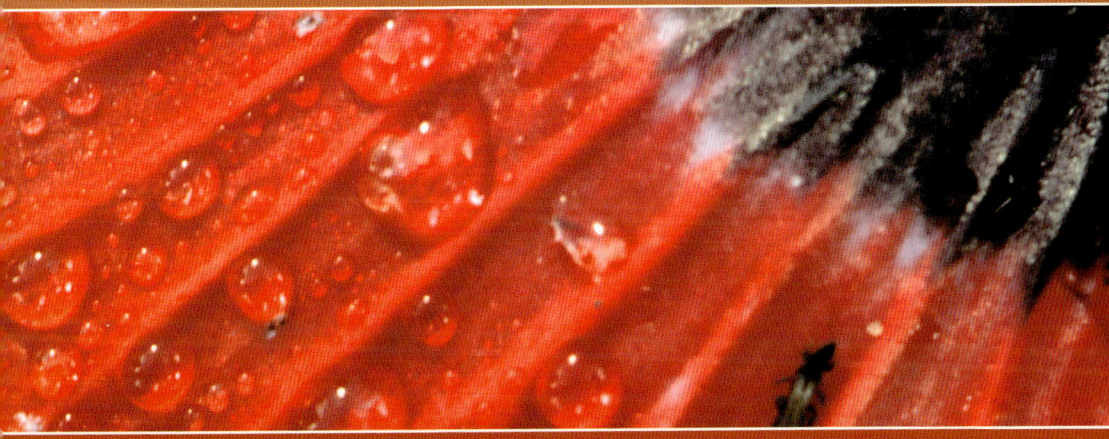

Nicht immer ging ich meinen Weg geradeaus.
Ich habe Umwege hinter mir, Irrwege belasten mich,
manche Kreuzung war ein Kreuzweg.

Leben ist oft Leerlauf, aber niemals Rückwärtsgang.
Die Zeit läuft, flieht unaufhaltsam weiter.
Ich kann nichts ungeschehen machen.

Meine Umwege waren oft Hinwege,
meine Irrwege ließen mich reifen.
Im Wanken und Fallen wurde mein Schritt fester.

Mein Lebensweg

14 Ich

Auf allen Wegen gab es Menschen,
die hinter mir gingen,
mitgingen,
vorausgingen.
Ich will ganz ich selber bleiben –
bei jedem Schritt.

Ich gehe nicht ziellos.
Einer interessiert sich für mich,
geht mit, wartet auf mich.
Du.

Ich 15

Wenn ich glauben kann,
dass Gott mich gewollt hat,
dann will ich auch glauben,
dass er mit mir etwas vorhat.
Wenn ich glauben kann,
dass Gemeinschaft gut ist,
dann will ich auch glauben,
dass ich darin wichtig bin.

Ich bin gerufen zum Menschsein,
suche nach mir selbst.
Ich brauche einen Sinn in meinem Leben,
ein Ziel, für das es sich zu leben lohnt.

Berufung

16 Ich

Mein Leben ist Geschenk und Auftrag, Gabe und Aufgabe.
Ich weiß mich von Gott angesprochen:
Was hat er mit mir vor?
Ich finde meinen Platz in Gottes Plan.

Ich möchte mitmischen, mich engagieren.
Was kann ich tun, damit Kirche lebt?
Ich finde meinen Platz in der Kirche.

Es gibt die Berufung zum Menschsein, zum Glauben:
Was möchte ich? – Das treibt mich voran.
Was kann ich? – Dazu bin ich begabt.
Was will ich? – Ich muss mich entscheiden.

Ich 17

Manchmal kann ich nicht glauben. Dann denke ich:
Früher, als Kind, da war alles klar. Heute sagen
mir viele: Beweise es mir – beweise mir deinen Gott!
Es gibt gute Gründe zu glauben, aber beweisen
kann ich nichts. Ich habe meinen Glauben
empfangen, bin als Kind getauft worden. Andere haben mir von Gott erzählt, ich kenne ihn also auch nur
vom Hörensagen. Aber ich bin immer unruhig geblie-
ben, war nicht zu schnell zufrieden,
habe nachgefragt.
Ich kenne viele, die fragen kritisch nach, nehmen
nicht mehr alles hin. Glauben beginnt mit Fragen:
Was ist mein Leben wert? Wo finde ich einen
Lebenssinn?

Auf der Suche

bleiben

Müsste da nicht mehr drinstecken – zwischen Wecker und Fete? In fragenden Menschen steckt ein großes Potenzial an Glauben.

Vielleicht stand er zu lange fraglos da, der christliche Glaube – und hat deshalb nur noch wenig Kraft. Heute ist er fragwürdig geworden, und darin sehe ich eine große Chance: bewusster zu glauben, deutlicher als bisher. Wer über jeden Zweifel erhaben ist, wer keine Anfragen zulässt, wird unglaubwürdig.

Ich will mich nicht abfinden, sondern auf der Suche bleiben. Ich möchte mich an diejenigen halten, die Fragen stellen, und denen aus dem Weg gehen, die auf alles eine Antwort wissen.

Weg und Ziel sind nicht dasselbe. Es kann schlimme Folgen haben, wenn ich losgehe, ohne zu wissen, wohin. Es gibt Menschen, die sehr dynamisch in die Irre gehen; die sich verlaufen und niemals ankommen. Sie wissen nicht, wohin sie wollen, und das mit ganzer Kraft. Sie fahren mit Hochgeschwindigkeit ins Nichts.

Ich brauche Orientierung, einen Wegweiser, einen Kompass für die richtige Richtung. Ich brauche ein Ziel, um mich überhaupt auf den Weg zu machen. Welche Richtung sollte ich sonst einschlagen? Als Christ habe ich ein Ziel: das Reich Gottes in der Gemeinschaft mit Christus. Von diesem Ziel her ergeben sich meine Wege. Wenn ich falsche Wege

Der Weg ist nicht das Ziel

gegangen bin, dann hilft mir der Blick auf Jesus, den richtigen Weg zurückzufinden. Wo der Mensch sich selbst überlassen bleibt, da dreht sich sein Weltbild im Kreis. Allein wo es einen Erlöser gibt, da gibt es auch ein Ziel, ein Happy End.
Jesus sagt:

> „Ich bin der Weg, die Wahrheit und das Leben" (Johannes 14,6).

Er selbst ist der Weg. Und das Ziel ist Gott, den Jesus seinen Vater nennt. Als Christ muss ich dafür sorgen, mein Lebensziel nicht aus dem Blick zu verlieren. An Christus darf ich mein Leben orientieren. Wenn ich seine Botschaft ernst nehme, dann glaube ich, auf einem guten Weg zu sein.

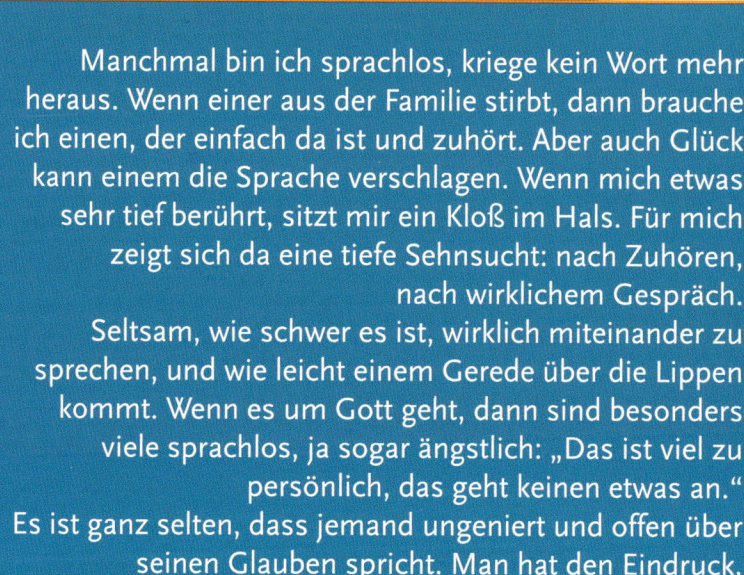

Manchmal bin ich sprachlos, kriege kein Wort mehr heraus. Wenn einer aus der Familie stirbt, dann brauche ich einen, der einfach da ist und zuhört. Aber auch Glück kann einem die Sprache verschlagen. Wenn mich etwas sehr tief berührt, sitzt mir ein Kloß im Hals. Für mich zeigt sich da eine tiefe Sehnsucht: nach Zuhören, nach wirklichem Gespräch.

Seltsam, wie schwer es ist, wirklich miteinander zu sprechen, und wie leicht einem Gerede über die Lippen kommt. Wenn es um Gott geht, dann sind besonders viele sprachlos, ja sogar ängstlich: „Das ist viel zu persönlich, das geht keinen etwas an." Es ist ganz selten, dass jemand ungeniert und offen über seinen Glauben spricht. Man hat den Eindruck,

Sprachlosigkeit überwinden

die Menschen schämen sich für ihren Glauben, meinen, sich beinahe entschuldigen zu müssen.
Es wirkt oft, als gäben sie zu, ganz und gar verklemmt zu sein. Ihre Äußerungen klingen häufig
alles andere als überzeugt und begeisterungsfähig.
Der Apostel Paulus sagt:

> „Ich schäme mich des Evangeliums nicht:
> Es ist eine Kraft Gottes,
> die jeden rettet, der glaubt."
> (Römer 1,16)

Wie wäre das, wenn auch ich freudig mit Paulus sagen
könnte: „Es ist gut, an Gott zu glauben!
Dafür stehe ich ein! Zu diesem Glauben bekenne
ich mich und sage ganz selbstbewusst: Ja!"

Keiner kommt allein durchs Leben, nicht einmal Gott. Auch er lebt in Beziehung: Vater, Sohn und Heiliger Geist. Gott ist kein Einzelgänger, sondern ganz lebendig. In ihm selbst gibt es Gemeinschaft: Gott ist die Liebe in Person! Und Liebe bedeutet zuerst: Freiheit. Weil man nur in Freiheit lieben kann. Nur allzu oft bedienen sich die Mächtigen einer autoritären Religion; eines Gottes, der einsam und allein über allem thront. Dann regiert der Stärkere und nicht das Recht. Der Name Gottes wird nur benutzt – und am Ende missbraucht.
Der Glaube an den dreifaltigen Gott ist da ganz anders: auf Beziehung angelegt, persönlich und

Gott ist die Liebe
in Person

nicht von oben herab. Wer liebt, will nicht herrschen,
sondern sich selber geben. Gott hat alles gegeben –
seinen Sohn Jesus. Er lebt in jedem Menschen –
durch seinen Geist. Gott ist so lebendig,
dass er sich auf keine Seite schlagen lässt.
Ich sehne mich nach Beziehung, nach Liebe. Und ich
darf an einen Gott glauben, der selber Liebe und
Gemeinschaft ist:

       „Gott ist die Liebe."
         (1. Johannesbrief 4,8)

Weil er mich liebt, kann ich überhaupt erst lieben.
Sein Sohn spricht mich an mit der Botschaft vom
Reich Gottes. Und sein Geist macht mir Mut,
in aller Freiheit an ihn zu glauben.

Manchmal denke ich, wir wollen sein wie Gott:
zeitlos, allmächtig und immer erreichbar.
Zeitlos: Im Fernsehen machen junge Menschen
Werbung für schöne Produkte. Aber so ist das Leben
doch gar nicht! Es gibt viel Leben, das ist alt und
hässlich, aber liebenswert.
Allmächtig: Menschen wollen alles können. Sogar den
Sinn des Lebens wollen einige schon machen können.
„Das macht Sinn", sagen sie. Sinn kann man nicht ma-
chen. Entweder etwas hat Sinn oder es hat eben keinen.
Wir „machen" einfach keinen Sinn,
wir haben ihn schon!
Immer erreichbar ist niemand, trotz der vielen Handys;
allein Gott ist jederzeit zu sprechen.

Immer erreichbar?

Wenn wir sein wollen wie er, dann überfordern wir uns selbst. „Wir machen das", „Wir kriegen das hin", „Wir haben alles im Griff" – damit schaffen sich viele noch zu Tode.

Der Glaube an Gott hilft mir, gelassener zu werden. Mit Gott bleibe ich Mensch, in aller Freiheit und Bescheidenheit. Ich kann und muss gar nicht allen Ansprüchen gerecht werden, nicht allen An- forderungen genügen.

Ich darf mich sehen, wie Gott mich sieht: Weil er ewig ist, muss ich nicht zeitlos sein; weil er mich geschaffen hat, muss ich mich nicht selbst produzieren. Mein Leben hat schon einen Sinn – von ihm her.

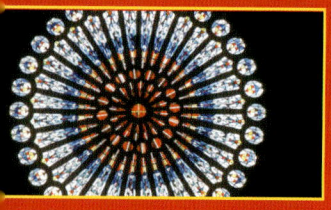

Was macht Gott eigentlich mit meinem Gebet? Ich glaube an einen Gott, der mich kennt und liebt, und nicht an einen, der meine Wünsche erfüllt wie ein Automat. Eine Religion, die auf Nützlichkeit aus ist, das ist Magie, frommer Zauber. Deshalb frage ich nicht: „Was bewirkt mein Gebet bei Gott?", sondern: „Was bewirkt das Gebet bei mir?" Ich will meinen Glauben aussprechen, möchte mit Gott zusammen sein. Beziehung lebt vom Miteinandersprechen, ohne Nebenabsichten. Alle Menschen wollen Segen und Glück, Gesundheit und langes Leben. Religion soll ihnen dabei nützlich sein. Als Christ weiß ich, dass ich von Gott schon

Beten heißt Vertrauen

längst gesegnet bin. Deshalb danke ich für
Gottes Liebe und frage nach seinem Willen.
Ich will nicht „etwas" von Gott haben, ich möchte „jemand" vor ihm sein.
Kinder bitten um Wunder: „Lieber Gott, mach doch,
dass ...!" Wenn der Glaube aus diesen Kinderschuhen
nicht herauswächst, bleibt Gott für mich ein
Lückenbüßer und Wünscheerfüller.
Wenn mein Glaube erwachsen geworden ist,
dann hilft er, das Leben zu bestehen, hier und jetzt.
Gebet bedeutet dann Beziehung in Glück und in Leid.
Das Gebet verändert nicht die Welt. Aber es verändert
die Menschen, und Menschen verändern die Welt.

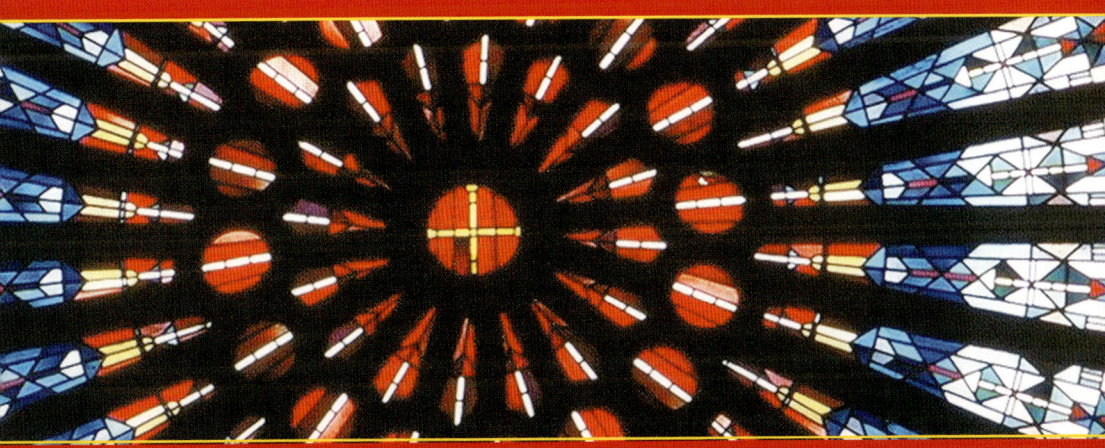

„Wer ist mein Nächster?" – Die meisten meinen: „Alle Menschen!" Ich sehe das anders: Wenn alle meine Nächsten sind, wo soll ich dann bloß anfangen? Ist das nicht ein bisschen viel für mich?

„Wer ist mein Nächster?", fragt ein Gesetzeslehrer. Jesus antwortet mit einer Geschichte (Lukas 10,25–37): Ein Mann fällt unter die Räuber. Ein Priester und ein Levit kommen an die Stelle, sehen ihn und gehen vorbei. Ausgerechnet ein Samariter schaut hin und hilft: ein Fremder. Die Geschichte kennen viele, aber der Sinn bleibt den meisten verborgen.

„Wer ist mein Nächster?", fragt der Gesetzeslehrer. Und Jesus fragt zurück: „Wer von diesen dreien –

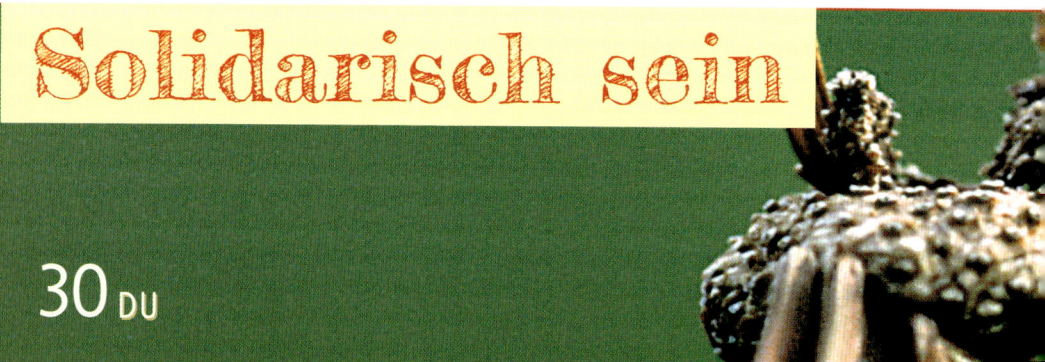

Solidarisch sein

30 DU

Priester, Levit, Samariter – hat sich als der
Nächste dessen erwiesen, der unter die Räuber
gefallen ist?" Das ist eine ganz andere Perspektive.
Nicht der, der Hilfe braucht, ist der Nächste,
sondern der, der Hilfe gibt.

Der Samariter macht sich selbst zum Nächsten,
indem er hilft und heilt. Es geht nicht
darum zu fragen, wer der Nächste ist, sondern
darum, ein Nächster zu werden!
Wenn ich helfe, wenn ich mich solidarisch erkläre,
dann werde ich zum Nächsten. Nicht lange überlegen,
sondern einfach damit anfangen, das wäre was.
Das wäre im Sinne Jesu.

Jesus braucht Menschen. Er füllt mit seinem Evangelium keine Bibliotheken. Er schreibt seine Botschaft nicht in dicke Bücher, sondern in die Herzen von Menschen.

„Die Zeit ist erfüllt, das Reich Gottes ist nahe. Kehrt um und glaubt an das Evangelium!"
(Markus 1,15)

Damit ist seine ganze Botschaft zusammengefasst: Gott ist nahe!
Gleich darauf beruft Jesus die ersten Jünger. Seine Botschaft und seine Botschafter gehören zusammen; das Evangelium und die Evangelisten, Jesus und die Jünger. Jesus beruft Simon und Andreas: „Kommt her, folgt mir nach." Und dann heißt es: „Sofort ließen sie

Jesus

braucht Menschen

ihre Netze liegen und folgten Jesus." Danach, bei Jako-
bus und Johannes:

> „Sofort rief er sie,
> und sie ... folgten Jesus nach."
>
> (Markus 120)

Da kommt einer und findet „sofort" Zuspruch.
Da ruft einer, und „sofort" findet er Antwort.
Dieser Jesus muss unglaublich faszinierend gewesen
sein. Junge Leute lassen alles zurück und folgen ihm –
„sofort", ohne nachzufragen.
Und ich? Bin ich von Jesus fasziniert? Oder betroffen,
angesprochen, in Frage gestellt?
Jesus ruft in die Nachfolge. Und die Jünger folgen
ihm – sofort! Weil sie von ihm fasziniert sind.
Sie folgen ihm – sofort. Und ich?

„Wer ist der Heilige Geist?" Auf diese Frage bekomme
ich kaum eine Antwort. Anders sieht es aus, wenn ich
frage: „Was bewirkt der Heilige Geist?" –
„Der Heilige Geist bewirkt, dass wir bewusst leben.
Er macht Mut zum Christsein. Er schenkt Fähigkeiten
und Begabungen, trägt alles Leben und hält
es in Gang."
Gottes Geist ist schwer zu beschreiben. Aber seine Wir-
kungen sind offenkundig. Die Bibel spricht deshalb von
ihm nur in Bildern:
Da ist ein Brausen, ein Sturm,
da sind Feuerzungen und
eine Taube als Symbol
(Apostelgeschichte 2,1–13; Markus 1,9–11).

Der Heilige Geist

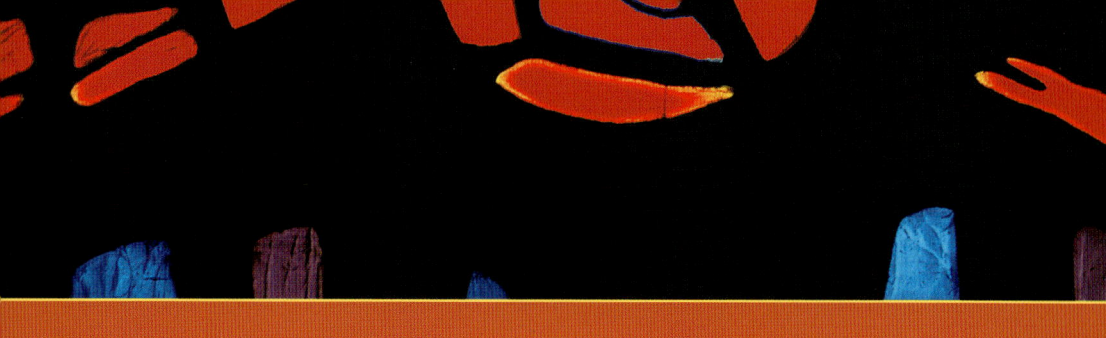

Doch was der Heilige Geist bewirkt, wird genau
beschrieben. Menschen, die sich fremd waren,
begegnen einander: Gottes Geist schafft Verständnis.
Menschen, die Angst hatten, werden zu Verkündern:
Gottes Geist schafft Mut und Vertrauen. Menschen,
denen es schwer fällt zu glauben, reden selbstbewusst
von Jesus: Gottes Geist schafft Zivilcourage und
Rückgrat.
Wer der Heilige Geist ist, das ist nur sehr theoretisch
zu beantworten. Aber was er bewirkt, kann man sehr
praktisch sehen. Mit dem Christsein ist es genauso:
Was Glauben ist – schwer zu beschreiben. Wie es aber
praktisch geht – das kann hoffentlich jeder sehen.
Glauben ist vor allem – Tat-Sache!

Jesus verkündet das Reich Gottes,
ruft Menschen in die Nachfolge,
heilt Krankheiten des Leibes und der Seele,
setzt sich mit Sündern an einen Tisch.

Jesus zeigt den wahren Sinn der Gebote,
übertritt Gesetze um der Menschen willen,
redet in Gleichnissen über Gott und die Welt,
weitet den Blick über sich selbst hinaus.

Jesus teilt das Brot mit fünftausend und zwölf,
macht sich berührbar für die Ausgestoßenen,
zeigt sich als Sohn Gottes, als Messias,
lässt sich verraten von einem Freund.

Meine Botschaft

Jesus trägt das Kreuz und erträgt den Spott,
vertraut sein Leben im Sterben dem Vater an,
steht auf aus dem Tod und kehrt heim zu Gott,
bleibt durch den Geist mitten unter uns.

Und was ist meine Botschaft?
Ich ...
Ich ...
Ich ...

Ich möchte sein wir Er und bin es nicht.
Er nimmt mich an, wie ich heute bin,
damit Er mich morgen verändern kann.
Ich bin nicht Jesus, aber ich werde Christ.

Kumpane klingt wie Kumpel: jemand, mit dem man etwas aushecken will. Doch das Wort hat einen anderen Sinn, es kommt von lateinisch „cum" und „pane", also von „mit" und „Brot". Kumpanen essen ihr Brot gemeinsam. Christen sind Kumpanen, weil sie die Gemeinschaft am Brot Jesu Christi zusammenhält. Christen sind also nicht der Verein der frommen Gewohnheit und auch nicht der Verbund der treuen Kirchensteuerzahler, sondern sie haben gemeinsam Anteil am Brot Jesu Christi.
Die Eucharistie ist der Mittelpunkt!
Das genaue Gegenteil von den Kumpanen sind die Eigenbrötler. Wer sein Brot alleine isst, weil er es nicht

Kumpanen und Eigenbrötler

teilen mag, wird sonderbar und eigenartig.
Tatsächlich – viele sagen: „Das mit meinem Glauben,
das geht die Kirche nichts an, da habe ich meine
eigene Meinung." Wer so glaubt, ist Eigenbrötler.
Und meint am Ende, er kriegt seinen Glauben ganz
allein gebacken.

Christen sind keine Eigenbrötler, sondern Kumpanen,
weil sie alle von Jesus Christus leben, von seinem
Brot. Kirche ist eine Jesus-Kampagne: Jeder soll
unsere Kumpanei sehen können. Jeder ist eingeladen,
das Brot mit uns zu teilen; aus der Engstirnigkeit
des Eigenbrötlers auszubrechen und in die
Mahlgemeinschaft mit Jesus aufzubrechen.

Ich glaube dank der Kirche.
Die Gemeinschaft der Glaubenden
hat den Glauben treu bewahrt.
Ohne Kirche wüsste ich nichts von Jesus.

Ich glaube mittels der Kirche.
Die Gemeinschaft der Glaubenden
macht mich stark, wenn ich zweifle.
Dann glauben die anderen für mich.

Ich glaube trotz der Kirche,
weil sie mich auch manchmal ärgert.
Dann ist wenig Gemeinschaft da,
dann stören Macht und Rechthaberei.

Mein Platz
in der Kirche

Meine Gemeinde ist ja ganz in Ordnung,
auch wenn da manchmal wenig los ist.
Aber die da oben verstehe ich meistens nicht,
wenn sie reden und hereinreden überall.

Und trotzdem: Ganz bewusst
stelle ich mich in die Kirche hinein:
Sie braucht meinen Glauben,
um glaubwürdiger zu werden.

Ich bleibe dankbar für meinen Glauben,
bleibe dran am Glauben der anderen,
suche meinen Platz in der Kirche.
Trotzdem – um Gottes willen!

Herr und Gott, du hast mir in Jesus dein Wort gegeben.
Das fordert mich heraus: Ich möchte dir antworten.

Du rufst mich in die Verantwortung:
für mein Leben, für meinen Glauben, für diese Welt.

Verantwortung heißt hier: Antwort geben auf dein Wort;
sich nicht scheuen, mit dir an deiner Welt zu wirken.

Hilf mir, dass ich die Dinge sehe, die zu tun sind,
und die Menschen, die zu lieben sind.

Hilf mir, dass ich sehe, was du von mir erwartest,
wer ich sein kann für die anderen.

Verantwortung
übernehmen

42 WIR

Gib mir Phantasie für neue Ideen.
Begeistere mich für eine gute Sache.
Und hilf mir, den ersten Schritt zu tun,
damit meine Ideen zu Taten werden,
damit mein Reden eine Antwort wird,
damit ich Verantwortung übernehme
und mein guter Wille kein Traum bleibt.

WIR 43

Du, Heiliger Geist, kehrst bei uns ein
mit deinem Frieden.
Du, Heiliger Geist, kehrst in uns aus,
machst uns frei für Gottes Liebe.
Du, Heiliger Geist, weckst uns auf,
dass wir Zeugnis geben von Christus.

Lass uns dankbar annehmen,
was in der Taufe grundgelegt ist.
Lass uns lebhaft glauben,
was wir von dir empfangen haben.

Gebet nach der heiligen Firmung

44

Lass uns glaubhaft leben,
was Gottes Wille mit uns ist.
Lass uns dankbar weitergeben,
was besiegelt ist, bestärkt in dir.

Mach uns zu Menschen des Friedens.
Ermutige uns in der Freundschaft zu Christus.
Gestalte uns zu glaubwürdigen Christen.
Erneuere durch uns deine Kirche.
Du, Heiliger Geist, kehrst bei uns ein
mit deinem Segen.

45